둥근 약속

둥근 약속

박순미 제3시집

부산문학아카데미

| 시인의 말 |

자주 시간의 말에 귀를 기울인다
노을 속에 어설피 걸린
아직 삭지 않은 그리움 하나
그냥 걸어 두고 싶다

세월은 가득한데
매사가 어눌한지
여태껏 뭐 했노 다그치기도 하지만

더 곰삭아 지려고
구부러진 길 위에 오래 서 있다
햇빛에 물든 순한 바람이
반갑다
가만 어깨 토닥여 준다

세상을 여는 초록
나를 따뜻이 품어 주는 햇살에 기대어 본다
봄이다
오랜만에 크게 웃고 싶다

2022년 여름초입에

시인 **박 순 미**

1부

새싹을 위한 기도 _ 13
꽃 피는 날을 위해 _ 14
꿈속의 고향 _ 15
정월 _ 16
봄이 오는 소리 _ 17
폭포 아래서 _ 18
이월二月은 _ 19
민들레 _ 20
존재의 가치 _ 21
간병 일기 _ 22
오래된 집 _ 24
목련 _ 25
봄날에 띄우는 편지 _ 26
그 여자의 날 _ 28
우포늪에서 _ 30
박물관에서 가야의 뿌리를 만나다 _ 32
마지막 기도 _ 34
오월을 기다리며 _ 36
오륙도 섬을 마주하다 _ 37

2부

길 _ 41
신호등 앞에서 _ 43
봄날 _ 44
고향에서 _ 45
서면 연가 _ 46
봄비 _ 47
스카이워크에서 _ 48
광안리 해변 _ 49
이기대 숲길 _ 50
UN 묘지에서 _ 51
저무는 강 _ 52
동백꽃 _ 53
장례식장에서 _ 54
살구꽃 진 자리 _ 55
처방전 없는 날개 _ 56
사월의 길목 _ 57
사월을 지나며 _ 58
바람 고개 _ 60
경비원 김씨 _ 61
하늘 정원 _ 63
봄날의 일기 _ 64

3부

최고의 그림 _ 69
산길 _ 70
변명하는 계절 _ 71
순례자의 가을 _ 72
백운포 파도 _ 73
장승 앞에서 _ 74
가을 문에 기대어 _ 75
몸살 하는 날 _ 77
친구의 이별 _ 78
낙엽을 위하여 _ 80
조각 공원 _ 81
신발의 소망 _ 82
장마 틈새 _ 84
문동 폭포골 _ 85
친구 모임 _ 86
물구나무 서는 가을 _ 88
쿠션여왕 _ 90
화장장에서 _ 93

4부

12월을 맞으며 _ 97
가을의 미로 _ 98
낙엽의 노래 _ 99
시골 역에서 _ 100
요양원의 꽃 _ 102
장애인 _ 104
바람의 문장 _ 106
매달린 꼬리연 _ 108
고뇌하는 바다 _ 110
오래된 기도 _ 111
늦은 가을 _ 113
고층 아파트 유리창 청소부 _ 114
멀리 있는 길 _ 115
목골역에서 _ 116
겨울비 _ 117
섣달을 보내며 _ 118

둥근 약속

박순미 제3시집

1부

새싹을 위한 기도

여리고 귀한 발걸음
수줍음을 위하여
제비가 사는 남쪽 나라
순한 바람이라도
업고 오리

열린 창문으로 눈 부신 햇살을
네가 숨 쉬는 곳마다
가득 풀어 놓으리

나의 가난한 기도는
풋 내음 상큼한
행복한 저녁을 위해
멀리
사마리아 여인의
맑은 샘물도 길어오리

꽃 피는 날을 위해

겹겹이 쌓인 어둠을
몇 밤이 지나도록 다독여야

숨겨둔 고운 살 냄새
숨 쉴 수 있을는지요

손이 닳도록 모아둔 빛을
얼마나 녹여내야

마알간 숨결
만질 수 있을는지요

간질거림으로
맨발이 된 바람이
얼마나 보채야

꾹 다문 입술이 벙글어져
내 눈시울 붉어지게 할는지요

꿈속의 고향

눈이 부신 하얀 뭉개구름
동화 같은 이야기 머무는 곳
기억 속에 아련한 소망
원초부터 뿌리내린
아버지가 자라시던
할아버지의 땅
길을 묻고 싶다

넉넉하고 정겨운 들녘
보릿단 냄새
아릿한 듬불 냄새
나를 옥죄는 온갖 서러움 다 씻고 싶어
어서 와라
환하게 웃어줄 주름진 얼굴
만나러 가고 싶다

고향의 가슴에 얼굴 묻고 싶다

정월

헐거워진 틈 사이
시간은 조용히 엎드린다
보일 듯 말 듯 지난 흔적이 벽 뒤로 숨어들고
자꾸만 구겨지는 그림자는 하늘을 날고 싶다
봇물 터지듯 정신없이 페이지가 넘겨지면
사람들은 어둠의 겸손을 배우기 시작한다

새로 산 신발이 가출을 하고 싶듯
행선지를 걱정하는 역마살이 대문을 나서듯
누구의 초대장도 받지 못한
외로운 방랑자를 위하여
옛날 그대로 키가 조금도 자라지 않은
오랜 주택가 골목에서
너를 위해 새벽을 쓸고 싶다

한해를 나서는 첫걸음
신발에 매달린 햇살이
구겨진 길을 쫙 펴는
밝고 아름다운 길이 되라고
너와 나 흥겨운 상생의 길이 되라고
빗자루에 힘을 실어본다

봄이 오는 소리

옅어지는 새벽안개

함께 손잡고 나란히 가는 길

이름 모를 새들

노래하며 동무하는 길

산허리 간질이며

내려오는 바람

누구의 유혹인지

낮은 휘파람 소리

귀엣말로 속삭이듯

지척에서 들리는 듯

폭포 아래서

도도하게 용솟음치는
한순간 쓸려가 버린 시간
사방 무지개를 피워 올린
물방울의 향연
아찔한 벼랑 끝이다

깊은 구릉을 건너고 사막을 지나온
몰래 울음 울던
키를 낮춘 그리움이
전생의 어느 길목에서
뜨겁게 손 마주 잡았을까

날 선 벽 허물 듯
산산이 부서진 내가
죽음 저편에서
간절하게 뒤돌아보고 싶은
영혼 깊은 곳의 만다라여
지상을 떠나는 영혼처럼
맑고 순수하다

이월二月은

소리 내지 못하고
귀엣말로 손짓하는 들판
베일 듯 넘어지는
야문 바람결을 버텨온 뿌리는
흙 속에 묻었던 얼굴이 간지럽다

한세상 굽이진 길 아픔의 길
힘겹게 넘기신
시렁에 엮어 둔 씨앗 봉지 열어 보시고
흐뭇해 하시던
투박한 아버지 손길 같은
조금씩 햇살이 두터워진다

잎 다문 살구나무
움츠린 장독대처럼
아직은 기다리고 다독여야 하는
망설이듯 수줍은 새댁의 마음 같은
아직은 뒤로 숨고 싶은
이월이다

민들레

거친 바람에
절여오는 숨결
따뜻한 등이라도 기대 보았으면
두 손 모은
간절한 소망이네

꿈결 같은 소망 흔드는
건달 같은 찬바람
생 몸살로 지샌 어둠 속으로
환청처럼 귀에 익은 작은 목소리
깊이 간직한 그리움은
알 듯 모를 듯 통증처럼 앓다가
쪼그린 돌 틈 사이
누구의 사랑 고백인지
노란 웃음으로 환생한
앙증스러운
애기 민들레

존재의 가치

소리 없이
깊은 곳에 숨겨진 넌 누굴까
있는 걸까?
없는 걸까?
변방을 떠도는 나그네처럼
스쳐 지나가는 달그림자처럼

천년 세월 갓바위 되어
무겁게 버티기도 하고
살랑 부는 잎새 되어 가볍기도 한
마법의 표징인지

태초의 빛이 탄생하는
하늘을 다 덮을 만큼 소중한
가슴 속 그대는 누구실까?

간병 일기

청명 한식 지나?
곡우도 지난 지 오래됐어요
챙기지 못한
창밖 몸 달은 봄날은 혼자 심심해져 시큰둥해요
나이테마저 희미한 나이라고 심란해하시지만
한 번씩 몰락하기 싫어하는 몸의 반란이라
생각해요

거친 세상 지나온 고달픔이 빗금을 긋기는 해도
소중한 황금 신전은 아직 멀쩡해요
엄마의 메말라 가는 시간은
다행히 링거액이 적셔주고 있어요
아프게 조여진 매듭이 풀리면
밀고 당기는 세포들이 연습 끝나면
이슬에 다시 피는
오월의 꽃처럼 환하게 피어나실 수도 있어요

엄마 힘내시면 하늘에 별도 따오고 싶어요
플라톤의 소크라테스 변명처럼
입속에 걸린 구름이 반란을 일으킬지도 몰라요

아름다운 봄날 붙들고 있을께요
꽃길 걸으며 함께 웃어요
싱그러운 바람 가득 보듬고 싶어요

오래된 집

기둥보다 커 버린 아이들
더 높고 넓은 곳이 불러냈지
이름만으로 저릿해지는 멀어진 발자국
그리움이 통증을 앓는 소리
마당 한켠에 쌓였네

덩그러니 커져 버린 집
긴 그림자로 남은 창문도 눈치가 머쓱하네
집도 사람도 모레 구멍이 뚫리나
얌전하던 책들도 엉거주춤 긴장하고 있다

따스한 햇살이 기웃거리고
붙여둔 별들이 조금씩 기지개를 켜는지
담장에 기댄 감나무 손짓이 은근하다

오늘 밤에 달도 조심조심 업고 오기로 했다
마스크 벗어 버린 맨 얼굴로
강강수월래를 할까 풀라밍고 춤을 출까
오래된 집이 신바람 나서 환 하게
소리 높여 웃었으면 좋겠다

목련

아직은 수척한 가로등
웅크린 곁에
밤새 숨죽여 뒤척이는 나무
심술부리는 바람은 눈치가 머쓱하고
푸른 소릴 내는 햇살은
안간힘을 쓴다

어느 틈새 눈 맞추었나
수줍게 웃고 있는 그대
하얀 꽃망울은
눈물 같이 번지는 고운사랑
누군가 그립고
해맑은 소녀처럼
꿈꾸듯 행복에 젖고 싶다

봄날이 슬며시 가슴을 열고 있다

봄날에 띄우는 편지

목이 긴 골목을 돌아
오래된 의자 위에 그림처럼 앉은 햇살
날으듯 솟구치는 음률 속
날렵한 자전거들이 둑길을 지나고
열어 둔 창문으로 꽃 내음이 다발째 수런거립니다

나무를 기르고 꽃을 피우고 나비까지 날리려니
내겐 눈길 줄 여유가 없는지요
겨우내 언 손을 부비며 기다린 사랑은 어쩌라고
혼자 뜨거워지는 것도 먼 태곳적 비밀처럼
숨겨야 하는지요

조금만 나태해 지면 금방 외로움이 오고
밤새 뒤척이는 불면은 대책이 안 서는지
다정한 시간을 갖는 일도
젊어진 헛 꿈을 꾸는 일도 자린고비 같이
인색합니다

온 세상이 간지럼 타듯 웃고 있는 눈부심에
나만 무안해져 창문을 닫습니다
모슬렘의 라마단 기도처럼 제 자리서 종일 뛰어
놀랍니다
기억의 시간 밖에서도 여전히 햇살은
조용한 그림처럼 앉아 있겠지요

그 여자의 날

반환점을 돌았지
생각 없이
바쁘다 찾지 않은 젊음이
방치되어 시들어진 줄도 모르고
비스듬히 누운 시간
넘기는 일기장은 씁쓰레할 뿐

지름길인 줄 알았지
작은 골목 길을 열심히 돌아
다시 그 집 앞
헷갈리며 허비한 시간
갱년기 증후군 탓인지
잠시 깜빡이는 건망증인지

숲의 실핏줄도 고드름으로
뼈가 곧추서는 밤
차가운 어둠과 한통속이 되는 건 싫어
따스한 이불 밑

떨림의 파장을 교환해 보는 것
별 낭창 하지도 않은 허리
뜨겁게 지져야 한다고
그래도 민 얼굴에
립스틱 잔뜩 발랐지

우포늪에서

그늘에 숨어있는 고요는 투명하다
오랜 고백처럼 늪으로 내려온 하늘
갈대의 일렁임도 조심스럽다
다리며 허리까지 물속에 담근
가시연 마름 자라풀

물이랑 사이를 오르내리며 사부작거리는
소금쟁이 물자라 장구애비들
온갖 생명들의 숨소리는 첼로의 낮은음과
간혹 높은 옥타브의 숨비소리 같은
맑은 화음의 코르스는 화려하고 장엄하다

물가에 누운 한나절은 꾸벅꾸벅 졸고
푸르름이 고인 하늘도 물도
깊은 연민으로 엄숙해진다
고운 명주실을 한 타래 풀어 놓은 듯
생명을 탄생시키는 푸른 핏줄은
겹겹이 껴입은 여인의 치마 속같이 깊고 오묘하다

늪은
마야의 왕궁보다 더 화려한

초록빛 커튼 환히 열리는 물의 신전애서
이유도 갖가지 보채는 지구를
보듬고 다독이며
달콤하게 퉁퉁 불은 젖가슴 품어 주고 있다

박물관에서 가야의 뿌리를 만나다

맑은 가을 햇살이 눈부신
고즈넉한 돌계단을 오르면
신석기 시대 빗살무늬 토기가 먼저 반겨준다
돌팔매로 짐승을 잡고 돌을 갈고 두드리고 문질러
농사를 짓던
부지런한 어른
널무덤과 덧널무덤 속에 정갈하게 누운 망자가
고고하다

윤이 나게 부뚜막을 닦아 긴 목 항아리에 귀중한
비밀을 담고
굽다리 접시에 맛난 음식을 차린 여인의 기다림
청동 칼을 찬 용감한 남자는 농사일 틈틈이
사냥한 짐승을 어깨에 메고 돌아와 울타리에 가두고
한 식구가 되는 연습을 한다
세상이 열리는 수줍은 봄날
힘들고 단단한 몸을 고귀한 여인의 품에 맡긴다
어둠은 신비에 잠기고 우주는 영롱한 빛 속에서
더욱 찬란하다

먼동이 트는 새벽
현명하고 부지런한 조상의 얼이 여인의 향기로
태어나
역사의 시간을 빌려 청아한 바람처럼 땅을 깨운다
명주 저고리에 무명치마 미투리를 신은 똑똑한
아이는
곱게 자라 세상을 넘치는 기운으로 채우리라
맥을 이어온 튼실한 여인의 자궁에서
보석처럼 빛나는 생명의 환희
종족의 영원한 자존심을 지켜가리라

마지막 기도

하늘 중간쯤 성당이 있다
허리가 굽어진 노인
연신 땀을 닦으며 언덕길을 오르는
걸음이 불안하다

부지런한 누구의 손길인지
하얀 모시 원피스가 단정하고 깔끔하다

노인의 일부가 되어버린 지팡이
흔들리는 몸을
부축하듯 순하고 공손하다

할머니 너무 힘들지 않으세요
괜찮아 차를 타라고 하지만
타고 내릴 때 시간이 너무 오래 지체돼요
모두 바쁜데 염치없어서.
목소리가 힘에 부친다

나는 좋아요 이렇게 자주 쉬면 되는걸
보는 사람이 힘들까 걱정이지
걸어서 성당 가는 게 너무 감사해요
걱정을 다독이는 환 한 웃음

하늘 문이 가까이 다가서 있는 듯
평화 가득한 모습
다시 뵈올 수 있을는지
마지막 기도가 간절해진다

오월을 기다리며

하늘 그림자 길어진 밤이면

높게 걸어둔 쪽 문 하나

두근거리는 계절의 기다림

얼룩 지워진 길

푸른 가지마다 경전 외는 소리

맑게 졸졸거리는 붓도랑 건너

별빛 자욱한 신전에 서면

따스한 설렘으로 문을 밀치는

나는 한줄기

선한 바람이고 싶다

오륙도 섬을 마주하다

고단한 생각일랑 날려 보내요
바닷물에 발을 담근 산자락
솔섬에서 건너온
솔향에 젖은 해변엔
다라이 고무 통 속
전복이며 해삼 멍개가 입을 오므리고
해녀들의 싱싱한 웃음이
맛나게 어울리고 있어요
좌판에 쭈그리고 앉는 재미도
잊지 못할 추억이지요

푸른 깃발을 흔드는 파도
바람이 등을 미는 대로 걸어요
싱그럽고 짭조름한 기운이 어깨를 감싸주고
저만치 연락선이 손을 흔들면
가슴엔 한 아름
그리움이 부풀기 시작해요

둥근 약속

박순미 제3시집

2부

길

지나온 길
어영 부영 걸어온 길
녹록지 않은 길

산길도 오르고
강도 건넜지
넌 너무 어질고 순해서 탈이다
어눌해서
판단력이 모자라서
남몰래 가시 밭길도 헤매고

내 탓이요 내 탓이요
수 없이
나를 달래기도 했지

어느덧 헤아리기도 힘든
나도 몰래
곱절로 불어난 나이
뭐 했나

넌 바보다
그래 난 바보다
외면서 아직 가고 있는 길

신호등 앞에서

갑자기 멈추어 선 신발들
오고 가는 길목에서
겹쳐지는 무심한 얼굴
되돌아 볼 수 없는 낯선 풍경이 된다

하루의 실타래가
팽팽히 당겨진 한낮에
발 등에 업힌 짧은 그림자는
순간의 적막이다

막혔던 물길이 트이듯
물 흐르듯 흘러가야 하는
건너보이는 딴 세상

너와의 거리를 당기지 못하는
어리숙한 내 그림자는
멀미를 참으며
냉정한 신발들 틈에 있다

봄날

어둡고 긴 밤 지나고
따스한 설렘으로
깡총 대며 길을 나서는 아이
손잡은 나는 자꾸만 웃고 싶네

역마살에 들뜬 봄날은
약속처럼
정겨운 휘파람 소리
맑은 감사 기도로
언덕을 넘어오고

가물가물 잊혀진 사랑이 손짓하듯
잔잔한 바람의 흔들림 속에
바이러스 사라진 세상은
찬란하다

창생을 구제하는
관음觀音의 소리 없는 법문이
통통 튀는 햇살 아래
한 아름
장미꽃 다발로 피고 있네

고향에서

마알간 얼굴 씻고
앞다투며 새순 나오는 날
아지랑이 모락이며 피는 밭둑엔
호미 든 정겨운 얼굴
아슴아슴 다가오네

누굴 기다리나
열려있는 사립문
흥겨운 웃음소리
언제쯤 들려올지

진달래 곱게 웃음 짓고
도깨비 춤추던 산비탈
순이는 어디 있나
그리운 얼굴 다 어디 갔나
저녁놀 아래 뜨거운 눈물 삼키며

나도 붉게 타고 있네

서면 연가

휘황한 불빛이 숙성된다
사람과 빌딩의 숨소리는
오선지 위를 나는
경쾌한 음률이다

땀과 눈물
어깨를 누르는 버거움은
숨을 고르는 바람이 멀리 날려 버리네

영롱하게 뿜어대는 분수 사이
따스한 눈빛의 교감으로
너와 나 손 잡고 싶다

사람의 향기가 꽃이 되고
자유와 낭만
아름다운 시와 노래가 어울리는 곳
바쁘지만 잠시 얼굴 보자
환하게 웃자

이 거리를 사랑하고 싶다

봄비

작은 골목길 지나
아스라이 휘파람 소리
들려 올 듯
두툼한 주머니에 넣어둔 찬 손
삼동을 웅크린 불편한 침묵도
흥건히 적시는 반나절이 지나고 있다

젖은 우산 사이
빗줄기 속 안개처럼 희미한 기억
모가 난 그리움은 아프다

바람처럼 스쳐 지나간 옛날
시간을 풀어 써 버린 후회도
섭섭해하지 않기
절취선 만큼만 외로워하기
어디선가 감미로운 첼로 협주곡
작은 풀꽃들 간지럼 타는 소리
가슴 모퉁이
묵은 섬 떠 내려가고 있다

스카이워크에서

숨을 고른 바람 눈길 머무는 곳
푸른 도화지에 예쁜 그림처럼
황홀해요

이곳을 지나면
한세상의 무게가 흔들리는 듯
떨려오고
움켜진 집착의 손도 놓아 버려요

발밑은 물결이 넘실거리고
몰래 숨었던 바람도 와락 놀라게 해요

모자 단디 붙들어요
바짓가랑이 걷어 올려요
넘어지면 민망해요
심술부리는 바람은 절대 붙들지 말아요
철석이는 파도 소리도 숨어 버린
사람들 웃음소리
하늘인지 바닷속인지
대마도가 헤엄쳐 오고 있어요

광안리 해변

혼자 걸어도
노래하고 싶어지는

나그네 외로움이 발효되어
신나게 뛰고 싶은
라데츠키 행진곡이 들려오네

너와 나
가난한 이마의 고뇌가
꽃으로 피어나는
주술이 걸린 곳

둥둥 떠다니는
파도의 향기
라벤더 향기

살아있는 기억으로만
가슴이 말랑해지는
눈먼 사랑을
가득 담고 싶어지는
광안리 해변

이기대 숲길

벼랑을 타고 오르는 운무
신선들 옷자락 스치는 듯
솔 내음 향기 더불어
다투어 귀를 여는 나무들

장자산 맑은 샘터엔
선녀들 은밀한 사랑 이야기
맴을 돌고
솜털처럼 가벼워지는 발걸음
바람 소리도 흥겨운
노랫가락이 되네

UN 묘지에서

천년이 흘러도 젖을 수 없는 기억
역사의 한 페이지에 기댈
시간의 무덤은
조금씩 멀어지고
옹이로 남은 그날의 눈물도
이젠 말라져 눈이 부십니다

내가 늙어 사라지고
아이가 자라나 늙어져도
그대는 가슴 울렁이는
영원히 젊고 아름다운 청춘

우주의 넓은
청량한 기운 속에 든 영령들이여
굳센 기운으로 영원히 이 땅을 지키는
정겨운 형제들에게
은인을 위한 기도를 바칩니다
감사의 마음이 등불 되어
초여름 밤이 환하게 빛나고 있습니다

저무는 강

강 건너 먼
희미한 불빛
어서 오라 손짓하는
아련한 숲속 마을

퉁퉁 부은 발
지친 고달픔이 쉬고 싶은 곳
무심하게 스치는 옷깃
누구의 기억 속에
내가 자리할 수 있으리

눈시울이 아릿해지는
샘물처럼 맑은 영혼이
숨어있는 골짜기
시간이 나이테를 새기는
그날 지나면

바람 되어 들려올까
그리운 목소리

동백꽃

하늘 향한 불타는 사랑
뜨거운 울음은
바다마저 붉게 물들어

어찌하리오
소리 할 수 없는 것을
사는게 구름 한 점 없는 허공이라

순간을 죽어야만 다시 살아나는
초록 물 속살거리듯 흐르는 숲길
피 흘린 상처로 굳어진 아픔인 것을

뚝뚝 목을 꺾는 오기는
자존심 잃기 싫은
도도한 기상으로 기억되길 바랄 뿐

흔적을 지우듯
옛날을 잊어야 한다오

장례식장에서

눈을 가리고 쏟아지는 비
어디론가 멀리 떠나야 하는 너를
낯선곳 어딘지 보내야 하는
서글픈 분주함이
간이역 대합실 같이 술렁인다

기약이 없는 먼 이별의 소용돌이는
폭풍의 전야같이 억눌리고
잘 웃기는 너의 기억에 내가 웃을까 걱정되어
궂은비 내리는 날 떠나는 건지
우산은 잘 챙겼나
먼 길 갈 건데
환하게 웃고 있는 영정사진 속
보일 듯 말듯 그림자
어쩌면 아무도 몰래 가슴 저미는 외로움도
있었을까
미안하다 너무 무심해서
쏟아지는 비는
걷잡을 수 없이 복받치는 눈물이 된다

살구꽃 진 자리

고요가 주저앉은
느슨한 어둠은 답답하다
화려하게 꽃 불 켠 탱탱한 시간이
허우적거리고
풍성한 열매를 위해 묻혀야 하는
태어나고 사라짐의 순리에
나무도 꽃잎도 숨을 죽인다

깊은 여백으로
눈물을 머금은 땅은
소중하게 꽃잎들을 보듬고
고운 너의 가슴에
오래 남고 싶은 염원이
허공높이 그리움으로 걸린다

뜸 들인 바람은
새벽을 불러 모으고
미련처럼 늦은 봄날이 매달리고 있다

처방전 없는 날개

암호문을 외우던 두툼한 윗도리는
벽 사이 얌전히 걸려있다
악령을 보면 죽고 싶다
눈을 가려야 한다
보드박스 첼린지를 본다
밤새 수런거리는 조작된 뉴스
기를 쓰고 덤비는 댓글
너의 비뚤어진 입도 피해야 하는 버거움이다
숨통을 막는 답답한 미세먼지
눈 가리고 코 입까지 무조건 가려야 살아갈 수 있다

공소시효 끝난 자유도 잠시
창틀 속에 길이 막혀버린 우울한 그림자들
우주 끝 소행성을 달려온 외계인이면 참아낼 수
있을까
문을 흔들며
쓰나미를 삼킨 바람이 지나가고
불면의 밤은 소리 없이 다가온다

그리움의 유전자는 아직 변형되지 않는지
너의 위로가 필요한
내 몸무게는 자꾸만 불어나고 있다

사월의 길목

기다림의 가슴앓이를 다독이는
아른아른 타는 봄빛은
멍울진 열꽃을 풀어놓는다

삼월에서 사월을 건너는
팽나무 연두 잎새 아래
한 옥타브 높은 악보로 건반을 두드리는
참새들 지저귀는 소리
우주를 떠도는 한 줄기 바람처럼 경쾌하다

부지런한 슈퍼 아저씨 빗자루에 쓸려가는
여린 꽃잎들
흐려지는 눈 만 비비다
풍경 속 스쳐 지나버린
그리운 얼굴 같은
사월이다

사월을 지나며

빛나는 초록을 가둔 깊고 맑은 우물입니다
봉긋한 꽃망울 감추고 허공에 떠 있는
부푼 봄날은
아직은 함경도 북청 물장수 어깨처럼
시립니다
우리는 어느 별에서 저물어진 인연인지
발자국을 지운 숨은 그림처럼
멀기도 합니다

가슴에 담아둔 연민
의미를 잃어가는 단어지만
뿌리를 흔드는 그리움은 사순절을 지낸
여인의 지극한 정성입니다

찬란한 오월이 지척인데
봄을 시샘하듯 냉기가 곳곳에 도사린
사월에서 오월을 건너는 길목은
아직 이리도 스산한지요

찬란한 오월이 지척인데
봄을 시샘하듯 냉기가 곳곳에 도사린
사월에서 오월을 건너는 길목은
아직 이리도 힘에 겨운지요

바람 고개

사람도 차도 숨이 가쁘다
가쁜 숨 잠시 내려놓는
묵언의 쉼터
재 너머에서 야호 하며 손 흔들 것 같은 바위
반갑다
바람이 먼저 달려 나오네

숲속의 청량함이 뒤따라 오고
나무들 숨소리 기쁨에 들뜨네
만나서 즐거운 시끌벅적한 소리는
기억의 향기로 엮이는 메아리가 된다

온갖 전설과 역사 이야기에 흠뻑 젖어 들고
산 그림자 몰래 숨바꼭질하면
사람과 사람 사이 정으로 단물이 드는 곳
바람 고개에서 쉬어가고 싶네

경비원 김씨

하루종일 실타래를 감았다 풀었다
이상한 소리만 지껄이는 아내와
중풍으로 혼자서는 일어나지도 못하는 어머니
목소리만 살아서 판잣집 꼭대기 넘어 작은 골목 지나
남의 집 안방까지
젊은 부부가 놀라서 몇 번이나 뛰어나오기도 한다
치매 든 아내가 뭐라고 연설을 하면서도 슬슬
눈치 보며
시중드는 것이 우습고 고맙다
젊은시절
여러 번 식구들 속을 상하게 하고
덤벙대고 오기를 부렸지
좋은 차도 몰고 호기 있게 친구들 술값도 계산했는데
지금은 좋아하는 막걸리도 끊은 지 오래다

매일같이 치울 것도 많고 일이 태산이다
내가 책임져야지 자식들에게 폐를 끼칠순없지
자신만 보면 좋아서 어쩔줄 모르는 두 여인
불쌍하고 미안한 마음뿐이다
끝까지 잘 해주고 사랑해야지

오늘 늦었으니 내일 나 좀 봅시다
반장님께서 무슨 일인지 나직이 하는 말
더럭 겁부터 난다
모든 거 다 참을 수 있습니다 해고만 아니면 됩니다
오래전 간도 쓸개도 다 버렸습니다
두 사람 죽을 때까지 보살펴야 합니다

일자리를 잃는다는 것은
세상 밖으로 밀려나는 공포에 목이 메이는 줄
사람들은 다 모르지
아직 찬 바람이 매섭긴 하지만
산동네 오르막을 오르는 이마에 땀도 눈물도
자꾸만 솟구친다
촐랑이던 봉지 속 밀감이 차분해진다

하늘 정원

산 그림자 슬며시 내려오는 저녁
하나둘 등불이 꽃처럼 피어난다
오래된 탱자나무 사이
성근 바람이 지나고

아득히 지난 일과
지금의 일들이 뒤섞여진
나이 든 엄마들
꿈속 같은 이야기는
동화책 그림처럼 재미있다

마음을 둥글리며
하늘 가까이 사는 사람들
안부를 전하는 편지가 되어
별들이 내려오면

일용할 양식을 주시는 하늘의 은혜
무릎 꿇은 감사 기도는
휘어진 시골길
세상의 주름을 환 하게 펴고 있다

봄날의 일기

하늘을 날고 싶은 작은 섬
멀미하지 않기
울렁증 참기
아름다운 봄날은
아주 귀한 분께서 보낸
소중한 선물이라오

싱싱한 가지들의 푸른 맥박은
허물 수 없는 오랜 관계처럼
나는 기다림에 얼굴 붉어지고
그대를 위해 웃음꽃 활짝 핀 세상
기꺼이 등을 내밀고 싶습니다

누군가의 그리움은
잔뜩 부푼 날개를 달지요
은밀한 곳에
소중하게 묻어둔 너의 그림자는
늙은 엄마의 치바속 같이 따스해요

햇살 고운 날
눈 감고 손 모으면
우주 속 작은 행성들 하품 소리도 들리지요

둥근 약속
박순미 제3시집

3부

최고의 그림

금빛 노을에 가을이 익고 있다
하늘 바람은 신선하고
고개 숙인 벼는 기쁨에 일렁인다
큼직한 배낭을 메고
즐거운 일이 많은지
가끔 입을 가리고
경쾌하게 걸어가는 젊은 두 수녀
뭉개구름 사이
몰래 들어가고 싶은
사진 속 그림처럼 아름답다

어깨의 짐이 무겁지 않은지
노을은 약속처럼 더욱 붉어지고
나를 짓누르던 응어리
슬그머니 흩어진다
어디선가 감사의 기도 소리 들리는 듯
모짜렐라 마술피리처럼
흥겹고 감미롭다

산길

세월 건너는 소리 들리고
보일 듯 말 듯 흔적이 산 뒤로 숨는다
가슴에 깊이 들어와 앉은
오랜 기다림은
온몸 까만 흉터가 되는 줄 알지 못했다

세상의 고뇌 다 짊어지고
바람 더불어
고행의 순례길을 떠난
착한 바보들
너를 기다린다 세상 끝날까지
구름만 지나는
지워지는 길 위에서

소리 없는 흔적
무거운 침묵만 길을 만지고 있다

변명하는 계절

걸어놓은 어제가 구겨진다
문설주에 기대선 여름은 눈치가 머쓱하고

너의 기억을 오래 담아두지 못하는
변명처럼 열꽃에 갇힌 시간은 때로는 허망하고
얼굴에 잡티처럼 송구스럽다

깊은 골짜기 숨었던 찬 바람은 번지점프를 하고
좁은 골목을 지나
연장통을 둘러멘 김씨의 등이 움츠린다
두툼한 재킷을 든 아내가 구름 사이 웃고 있다
반가움에 잠시 걸음이 흔들린다

그렁저렁 스쳐 지나는 하루가 저물어
덩그렇게 놓인 밤이다
서늘하게 식어버린 때 묻은 커튼 자락 사이
심심해진 하현달이 기웃거리고

고리가 풀어져 버린 어둠은
김씨가 차린 어설픈 제사상처럼
발이 저리고 몰래 울고 싶다

순례자의 가을

조금씩 잘려나가는 햇살 아래
기꺼이 고개 숙인 벼와 논두렁의 풀들은
넓은 들판에 뿌려진 오색 융단이다

떠나야 하는 계절은 밤새 뒤척이고
칠흑의 밤을 떠도는 외로운 길손은
어디서 때 묻은 신발을 벗어야 할지

좁은 벼랑 길을 지나오며
가슴도 발도 세상은 아프다 하고
마음 편히 기대어 시름 놓을
신의 말 없는 은총은
온 가슴으로 차오르는 그리움이다

뜨거운 굴레처럼 옛길을 서성일 때
오랜 고행 끝에 싯다르타를 씻긴
네란자라 강의 고운 물결에
영혼 깊이 안길 수 있다면

걸려있는 탱화 속 모서리
웃고 있는 널 만날지도 몰라

백운포 파도

삐딱하게 어긋나 버린
바람의 눈
거대한 굿판이다

배는 떠나고
젊음도 떠나고
생애를 끌고 다녔던
짜게 절여진 흔적은
떠나가는 아픔이다

세상의 유혹에도
바람의 꼬드김에도
흔들리지 않는
하얀 포말로 일어서는 파도는
거대하고
도도하다

다발로 피어나는
신령한 하늘의 꽃이다

장승 앞에서

인적이 드문 산속
봄은 더디고 찬 바람은 얼얼한데
눈물은 한 번씩 비로 내리고
어깨에 걸린 하늘의 숨소리
송구하다

힘이 빠지는 다리를 애써 버티며
젖은 안개의 눈빛을 읽는다
등짐 내려놓은 길손처럼
훨훨 한 번만 떠나고 싶다는 소망
희미해진다

속 울음 삼키고
종일 웃어야 하는 미련함
나를 바라보는 나그네 눈빛이
그림자 속 응어리처럼
적막하다

가을 문에 기대어

깊은 강물의 도도한 흐름 속에
작은 물방울로
흐르고 돌아
야윈 등만 보이는 모래 틈에
내가 서 있다
먼 고향의 뿌리
부디 청아한 혼만은 남겨두라고
현기증 같은
은하의 구부린 말씀이다

마른 잎새 되어
세상은 어디론가 굴러가고
돌아가고 싶은 시간의 문은 굳게 잠겨있다

지도 밖의 길을 간다
아득히 먼 공간 속
성자의 발에 입 맞추는 길
울퉁불퉁 돌길을 걸어
숨이 멎도록 하늘 계단에 가까워지면

세상은 눈이 부시도록 환 해질는지
한없이 인자하신 우주의 은하께서
부르튼 맨발을 다독여 주실는지

몸살 하는 날

전화 소리 멈춘 빈 방
사방 벽이 적막을 가두고 있다

새들도 떠나 버린 헐벗은 나무는
땅의 슬픔을 다 간직한 듯

창문 밖 차게 날리는 진눈깨비도
멀미로 주저앉은 내 등짝처럼 힘이 없다

긴 한해의
주어진 여백을 다 채우지 못한 후회
궁핍한 변명이 한숨으로 가라앉고
머리 위 약봉지도 덩달아 아프다고
바스락 바스락 소리 내며 훌쩍인다

친구의 이별

가슴 무너지는 반란이다
우주 속의 작은 점 하나
버석 마른 잎처럼 구르는
다가설 수 없는 너와 나 사이
내일을 위한 약속은 더욱
벼랑 끝처럼 아득하다

널 위해 무얼 했나
작은 아픔도 보듬지 못하고
무심히 넘긴 죄스러움에
가슴은 돌덩이가 된다

세상은 니가 없어도
웃고 밥 먹겠지
그건 아픔을 잊는 게 아니라
애써 숨기는
질서 속 본능인지도 몰라

고흐의 아름답고 서러운
저녁노을처럼
밀려드는 그리움으로
하늘을 본다
먼 횡성에서 웃고 있을 널
만나고 싶다

낙엽을 위하여

먼저 떠난 계절은
다가올 이별이 아프다

아슴한 기억 속
잃어버린 길의 행간을 더듬는

애써 붙잡고 싶은 발자국
기억 속에만
남겨야 하는

초라한 맨발의
긴 여정을 위하여

바람만 우쭐대는
낮은 길목에서

널 배웅하고 싶다

조각 공원

어스름이 발목을 간질인다
버거운 하루를 지나온 사람들
수북이 쌓인 발자국들
솜털처럼 가벼워진다
앞서거니 뒤서거니 이야기꽃이 피고
아이도 강아지도
걸어도 다리 아프지 않는
즐거운 동행 길이 된다

콜롬비아 인도 노르웨이 영국 등
심혈을 기울인 조각품 앞에 발길 머물러지고
남아프리카 공화국의 '화해'는 볼수록 생각이
깊어진다
무심코 지나던 작은 풀잎들
설레는 기척으로 향기 여물어지고
곁의 박물관에서 나들이 오신 옛 선인들도
쭉쭉 뻗은 나무들 사이
도포 자락 조심스럽다

신발의 소망

작은 신발장 구석에 기댄 채
눈을 감은 허름한 운동화
종일 비는 내리고
어둠이 내려앉은 빈 공터엔
키 재기를 하던 쑥부쟁이 개망초가 얌전하다

문을 나설 수 없는 무기력한 다리
힘없는 주인의 발을 위해
매일을 기도문 외우듯 꿈을 꾼다

정성을 다해 포근히 야윈 발을 감싸안고
조심조심 문지르기 시작한다
누구보다 바쁘고 소중하던 발
조금씩 심장의 박동소리 들리고
생기 오르기 시작한 발이
천천히 아카시아 향기 어우러진 언덕길을 오른다

이제 다 나았어
땅을 박차고 뛰기 시작하자
야아 장하다

박수소리 함성소리 하늘까지 오른다
목이 메인 운동화는 모처럼 행복하다

장마 틈새

집으로 가는 마을버스는 오지 않는다
긴 줄을 늘어선 산 동네 사람들
올망졸망 보통 이들이 천근이다
모처럼 쨍하고 기세좋던 햇살은
갑자기 어디 숨었는지
비는 곧 쏟아질 듯 하늘은 눈을 감아 버린다
옥상에 널어둔 빨래는,
오랜만에 열어둔 장독은 어찌하나

지금은 저들끼리 나 대신 늦은 점심을 먹던지
입가리고 무슨 밀담을 나누든지
아직은 풋풋한 시간일 거야
믿고 싶다
비 맞지마라 젖으면 안 돼
빗물 마시면 큰일이다
갈 때까지 너희들끼리 가려주고 서로 숨어라
부탁이다
비좁은 마을버스 안
빨리 가야지
무거운 보통이 두 팔에 근육이 솟고
달리기 선수처럼 발가락을 당겨 본다

문동 폭포골

산새 울음 깊어지는
싱그러운 숲길에
정겹게 손 흔드는 풀꽃
빛이 되고
노래가 되는
생기로 충만해진
문동폭포 골바람이여

비밀스런 풍경처럼
밝은 햇살 정겨운데
아름다운 사람 더불어
살아있다는 즐거움

저마다 풀어 놓은 수다에
고운 그림엽서 한 장처럼
함박웃음으로
귀 기울이는 골짜기

친구 모임

세월의 흔적이 군 때 같은
시들하고 맥 빠진 모습들
그 환하던 복사꽃은 어디로 숨었나
우리 목소리 낮추자
좀 조용히 하자
막 튀고 싶은데 억누르며 조심했지

얼굴에 새겨진 저마다의 길
그 길을 따라 충실하게 자리를 지킨 버팀목들
우리 살면서 힘들었다
직장에 가는 경우도 힘들고, 애 업고 밥하고
빨래하고
틈틈이 부업까지 해서 살림에 보탰지
세탁기 같은 거 꿈도 못 꾸고 지독한 연탄가스 마시며
죽지 않은 거 다행이고 젊음을 느낄 겨를도 없었지

강아지를 안고 온 젊은 여인 화난 듯
흘끔거리더니 다른 곳으로 옮겨 가 버린다

우리도 너 나이 때는 미니스커트에 하이힐 신고
화장 안 해도 엄청 이뻤지

시어른 아무리 잔소리해도 당연하고
용돈 드릴 때도 혹시 모자랄까 걱정했지

자식들 낳아서 나라 일꾼으로 잘 키웠고
아끼며 절약하며 조금씩은 기부도 하지

하늘을 올려다보아도 떳떳한
자랑스런 노년이다
친구야 우리 힘내서 아직은 고상하게 지켜보자
마지막 여행 떠나는 그 날까지…

물구나무 서는 가을

구동 아재 뒷짐 지고
어스름 속으로 사라지듯
옛날은 슬금슬금 멀어지고 있네

술이 얼큰해지면 누운 소가 벌떡 일어나듯 큰 소리로
아이 일곱을 일렬로 세우고는
내가 군대에 있을 때 말이지 얼마나 용감했는지
너희는 몰라
부대 인사과에 가서 김중사 한테 물어봐라
인사도 겨우 할 정도로 얌전한데 술만 먹으면
어디서 용기가 솟구치는지
밤늦도록 열중쉬어 차렷을 호령한다
그래도 양반이라고 더운 여름에도 바지저고리
길게 입고 다니던
술쟁이 아재는 매일 입은 옷으로 온 동네 길을 쓸다
며칠 아프지도 않고 뒷산 양지바른 곳에 거처를
옮겨 갔다

고생이 낙이던 아지매는 허리가 심히 꼬부라져서
바로 엎어질 것 같아 불안한데

뼈 빠지게 키운 자식들은 튼실하게 자리 잡고 잘살아
시도 때도 없는 자식 자랑에 바보 용석이도 슬슬
피하고
마당 가 누렁이도 귀를 막을 정도였지
혼이 맑은 정겨운 얼굴들 모두 기억을 남기고
떠난 자리
그리움에 젖어 돌담의 허리춤도 야위어 가는데
슬쩍슬쩍 담 넘어 기웃거리는

한나절 가을 햇살이 따끈하게 익고 있다.

쿠션여왕

사람도 무거운데 큰 보퉁이가 몇 개요
할매가 차 탈 때마다 골 때리네
손님 자리 서너 개는 차지하겠소 차가 휘청하는 거
좀 보소
우짜것노 오늘 짐이 쪼매 더 많다 그래도 그기
내 탓이가
차가 작고 힘없는 고물이라서 그렇지 고개 올라
갈랑가 모르것다

걱정되모 마 내리소 할매만 내리모 만사 해결이요
그리고 택시 힘들끼고 버스나 트럭을 타고 다니소

머라카노 그래 큰 차 타고 댕기 그로 기사 니가
좀 힘써봐라

돌았소 내가 뭐가 답답해서 그랄끼요

그리 못하모 입 다물어야지 말이 많노 내가 쾅
굴리모 이차 뿌사것지만 오늘은 참는다
영감제사 아니면 그냥 둘 줄 아나

참지 말고 한번 뿌사보소 아무도 안 말리요
기가 막혀서

고물 뿌사고 새차 물릴라고 쪼매는기 생긴거
맞차서 꾀도 많다

와, 고마 좀 내리소 할매 실고 열불나서 못가것소

인자 고만하고 가자
나도 마 영감 제사라서 참는다 그라고 우리딸
일곱한테 일라주모
니는 뼈도 못 추린다 알았나
노래자랑 나가모 일등
팔씨름대회 일등,
치고 박고 싸움대회 일등 딸들 실력이다
그라모 뭐 할말 있나
그라고 우리 영감이 날 얼매나 좋아했는지
니까짓게 우찌 알것노
까불지 마라

어휴 어느모티로 좋아했는지 모르지만

고마 웃기소 사람 죽것소
할매같은 사람 한 추럭도 싫소

잘 봐라 그것도 모르것나 쿠션 좋다고 온 동네가
다 안다
내 이름이 뭔 줄 아나 이래도 칠공주 모친
쿠션 여왕이다

뭐요 쿠션여왕?? ㅋㅋ 하하하
어스름 길에 꽉 찬 마을버스가 요란하게 출렁인다
지나가던 차들이 놀라서 멈춰 선다

화장장에서

사방은 숨을 죽입니다
둘러선 나무도 이름 모를 풀꽃도
옷매무새 다듬고 눈을 감습니다

가슴 저미는 고된 세월
풋감처럼 떫은 인생살이도 녹아들고
다시는 다가설 수 없는
까칠한 기억까지도
훨훨 불꽃이 되어 춤을 춥니다
세상의 것은 아무것도 남을 것이 없습니다

편안함의 고요 속
큰 바위 얼굴처럼
당신의 하얀 웃음이
하늘 가득 번져갑니다

진정한 자유입니다

둥근 약속

박순미 제3시집

4부

12월을 맞으며

한해를 버티며 살아온
갖가지 사연들이
눈부시게 차가운
짧은 햇살에 매달립니다

인생은 어차피 도깨비 환幻
공空과 무無로 돌아가리라
도연명의 귀무공을 가슴에
새기는 계절입니다

소리 없이 흐르는 골 깊은 샘물처럼
아궁이 속 깊이 묻어 둔 두터운 불씨처럼
내면으로 뭉친
태초의 아름다움을 위하여
자신을 더 태울 수 있다면
뜨거움 참고 견디겠습니다

가을의 미로

금빛 노을에 가을이 익고 있다
높은 음계를 단
부풀린 잎새들
등 떠미는 바람에
잡지 못한 손은
늘 허기처럼 시리다

약속도 없이
지나버린 먼 시간
아직 더 날고 싶은 꼬리연처럼
허공 저 멀리 자유롭게
살아있는 긴 문장을 쓰고 싶다
너를 위해
세상을 위해

낙엽의 노래

시든 박꽃처럼 야윈 길 위에
오롯이 선 늦은 가을
오랜 밤이 가고
계절이 다시 되돌려지면
바람으로 떠도는 애틋한 눈빛
숙명으로 소멸되는 짧은 순간이라도
너의 따스한 손 잡고 싶다

단단한 고집처럼
오랜 적막을 견디는 일
시간의 초첨을 헤아리는 일은
젊음이 다 지나가도
향기를 붙잡고 싶은 연민 인지도

바람에 휘둘리며
어릿광대의 춤
어지러움에 부신 눈 감고
발효된 눈물은 애써 삼킨다

구겨진 변명처럼
먼 시간을 되돌리는 혼돈에 젖고 싶다

시골 역에서

솜사탕 같은 보퉁이들이
대합실 의자에 등을 기대고
종일 놀다 신바람 난 등산 배낭들은
떼 지어 엉덩짝을 밀어 넣는다

안부를 묻던 굵은 손 마디
처진 귀가 움츠려져
등 뒤에 걸리기 시작하고
가을을 한입씩 물고 온 알록달록 등산복에
창밖 바람이 스피커를 단다

귀를 막은 역무원이
차표에 끼워진 묵은 시간을 담아내자
완행열차는 길게 심호흡을 하고

주름살 깊은 선한 눈길도
기적을 따라가고
무더기의 봇짐과 눈치 없는 배낭들도
그림자만 남긴다

바람의 발소리가 멀어지기 시작하면
바퀴의 울림은 구름을 업고

오두마니 앉았던 나뭇잎은
기다리는 이유가
조금씩 아리송하기 시작한다

요양원의 꽃

꽃이고 싶었다
언제나 꽃인 줄 알았지
바쁘고 힘들고
정신없이 해를 넘겼다
언제 꽃이였는지
생각할 겨를 없이
먼 기억 속에만 아련하다

백발이 되고 팔다리가 저리니
뒤돌아본다
꽃이 아닌
꽃이 될 수 없는 여인들
아이처럼 햇살 고운 창문에 매달렸다

길 건너 곱게 핀 매화꽃

꿈속처럼
얼굴 붉히며 웃고 있다

나도 언젠가 꽃이었지
가슴 뛰며
잠시 환하고 이쁘게
한 아름 꽃들이 피어나고 있다

장애인

손가락이 없던 그 아이는 어찌 됐을까
잘 살고 있을까
무안해하며 얼른 감추던 손
너 손 다쳤니 어쩌다 그랬니
얼굴을 붉히며 달아나던 뒷모습

모른 척 했으면 좋았을 건데
산골에서 전학 온
나이 많은 것 같지만
착해 보이는 아이 처음 이야기 하는 건데
오랫동안 가위눌린 것처럼 괴롭고 미안했다

저 아이 멀쩡해 보여도 손가락 없는 병신이래
하필이면 오른손
남의 말은 신바람이 나서 여기저기 숙덕이고
그 모습은 어디로 갔는지 학교도 오지 않고
잊혀져 갔다

세월은 겹겹이 쌓이고
순례자의 무릎 걸음처럼 조각조각

시간이 그은 빗금 속 아픔들
가끔씩 괜찮아 손가락 없는 게 어때서
겉보기 멀쩡해도 우린 더 장애인이지
만날 수 있다면 성심껏 잘 해주고 싶다
그때 외면한 거 미안하다
손 아프지 않게 감싸주고 싶다

바람의 문장

햇살이 수면 위에서 익고 있다
파도는 뜨겁게 토해내는 입김으로
화려한 안개꽃이 핀 듯
눈부신 보석이 되었다
때로는
건달 같은 바람이 된다

낮게 날고 있는 갈매기 울음은
아직 삼키지 못한 뜨거운 노래로 젖고
나는 말라진 입을 다물고
굽은 길 위에 서 있을 뿐
변방의 이방인처럼 소리할 수가 없다

세월의 흔적은
기다림으로 버틴 돌담이 흐물어지듯
잊지 말자던
두꺼운 안경 속
내 그림자도 말라져 가고 있다

너와 나
청정함으로 숨 쉬는 동안
먼 길을 돌아 어깨를 부비는 연인처럼
젊고 푸르게
반가움으로 가슴 열어주는
그리움의 또 다른 삶이 있다
바람의 문장 속에는

매달린 꼬리연

외진 언덕 위 느티나무 꼭대기
하늘 향해 두 손 모으고 있는
누군가 놓쳐버린 꼬리연
아직 거친 숨소리 들리는 듯
깃발처럼 치솟던 자존심이 웅크린다

광야의 독수리처럼
마사이 족의 펄럭이는 붉은 망토처럼
솟구치는 희열에 젖고 싶었다

캘리포니아 토네이도를 주문할까
나무까지 뽑아 버리면 안되지
차라리 숨어있는
눈먼 늙은 무녀의 푸닥거리는
따스하고 우호적일 지도 몰라

어둠이 내려앉고
걸어 둔 구름이 술렁이면
모가 난 슬픔도 유연해지겠지
가슴 태우는

방황의 흔적이 느슨해지도록
슬슬 바람이 문지른다

고뇌하는 바다

빌딩과 나무와 도로를 버무린 해무
먼 해원의 역사를 기록 중인
물결은
더러워진 병든 지구의 영혼을
씻겨야 하는 고뇌로 밤을 지샌다
산더미 같이 쌓이는 쓰레기
때론 숨쉬기조차 힘든 역겨움
벗어나고 싶은 핑계가 필요하다

고요를 거느리고
신神의 발아래 합장하는
스스로를 가두고 울음 우는 파도
우주 속 포세이돈의 어깨를 누르는
거대한 십자가
금욕과 단식의 사순절을 맞으면
잠시 맑은 영혼을 위한
하늘의 은혜로 알고 지켜질는지
인간의 내일을 걱정하는 바다는
잠시도 잠을 이룰 수 없다

오래된 기도

어둠이 파도를 덮는다
적멸에 들기 전
정겨운 이야기 걸어 둔 골짜기는
하늘 한 자락 덮고 누운
풀꽃들의 경전 외는 소리
들려올 듯

허공의 한 모서리를 받치며
절벽 위에 매달린
가파르고 좁은 길은
허름한 바랑을 맨 수행자들이
바람 되어 떠나간 고행길이다

봉쇄 수도원 담벼락에 기댄
등 굽은 고목처럼
평생 모습을 가까이 볼 수 없고
정겨운 이름 부르지 못하는
아슬한 외길이다

먼 산을 울리는 희미한 종소리처럼
영원을 꿈꾸다 소멸하는
천 만근 침묵으로
조금씩 느리게 풍화하는
바위가 된다

늦은 가을

빈 가지 다독이며
홀로 매달린 홍시
야윈 나무는
바람이 부는 대로 흔들리며
휘파람 연습 중이다

텅 빈 편지 함
나뭇잎 쓸려 간
넓어진 골목에
방랑자의 무겁게 멘 걸망
처진 어깨
다독여줄
따스한 손길
기다림 만 수북하다

고층 아파트 유리창 청소부

붕괴된 바람벽을 껴안고
싸늘한 허공을 건너뛴다
고단한 어깨를 감싼 바람에 떠밀린 기억이
눈앞을 가로지른 아득한 벼랑 끝에서
오히려 따스하다
긴 밀대로 바람도 찔러 보고 구름도 찔러 본다

넌 운동은 뭐든지 잘해서 좋은 운동선수가 될 거다
너무 사부작거리는 것만 빼면 공부도 잘 할낀데
초등학교 선생님 얼굴이 저만치서 웃는다
저 괜찮아요 하는 일 재미있어요
가슴이 활짝 열리고 새털보다 더 가벼워진다
숨을 모은 밧줄이 허공을 가로질러
의지 없이 덜렁거리는 다리가 얌전해진다

햇살이 싱그럽다
높이 떠 있는 자신이 자랑스럽다
단디 잡아라
한눈팔지 마라
목소리만 살아있는 늙은 엄마의 잔소리가
부적처럼 귓바퀴에 쟁쟁 걸리고 있다

멀리 있는 길

먼저 떠난 계절은
다가올 이별이 아프다

너를 사랑한
아슴한 기억 속

애써 붙잡고 싶은
초라한 맨발
먼 이국땅에서 홀로 서성이는
방랑자처럼

바람만 후줄근한
낮은 길목에서
바스락거리는 낙엽이 되어
오두마니
오지 않을

널 기다리고 섰다

못골역에서

목덜미 서늘해지는
늦은 가을
발 저린 하루가 저물고 있네

돌아갈 수 없는 길
허락된 시간은 짧기만 하고
이제 못 간다
기별할 수 없는
발자국 소리 아득히 먼 사람
기다리던 못골역

가게 들은 하나둘 불을 켜고
차들도 바쁘기 시작하네
어둠을 감싸 안은
쓸쓸한 등을 감추며
조금씩 비는 내리고

누군가 나를 부를 것 같아
다정한 목소리 들릴 것 같아
그 자리에 서버렸네
우쭐대던 바람도 우산을 쓰네

겨울비

길 위에 남겨진 희미한 뒷모습
수도승의 기도가 낮게 엎드린 돌계단을 오른다
어둠 속 빗물만 고여있는 의자
구도의 길은 아직 멀다

불을 켜고 물을 끓인다
나를 찾은 술래는 어디서 숨을 고를까
나 여기 있다 소리 해도
갈라진 목소리는 빗줄기 속에만 잠긴다

등줄기를 누르는 한기
푸른 눈물로 멈추어진 시간
눈이 흐려져 뜨거워질 때면
언제나 대문이 열려있는
나를 기다리는 고향 집
따스한 아랫목에 묻어 둔 밥
먹고 싶다

섣달을 보내며

변명하는 소리는 세상의 귀에 들리지 않는다
벼랑 앞에 선 바람같이
하늘길 기대선 가슴들은
시간을 당겨 놓아도 등불 하나 켤 공간이 없다
실타래처럼 풀어놓은 시간을 새기며
빛과 어둠 사이의 여백에서
소리의 그림자만 찾아다니는
나는 언제나 답답한 술래다

닫힌 공간을 붙들고 맴을 돌 때마다
빙하 같은 외로움은 송곳이 되어
등을 찌르기도 하지
그립다 소리하고 싶은
멋있고 냉정한 방랑자
첫 만남의 두근거림이 연민으로 남아
잠을 설치는 긴 밤
먼 길 떠나는 영원한 타인처럼
너는 겨울의 끝자락에 서 있다

둥근 약속

인쇄일 2022년 7월 7일
발행일 2022년 7월 11일

지은이 박순미
펴낸이 박선옥
펴낸곳 도서출판 부산문학아카데미

등록번호 제2017-000012호
주소 부산시 수영구 수영로 668 810호 (광안동 화목O/T)
전화 010-2831-4523
메일 psok0403@hanmail.net

ISBN 979-11-90511-13-1 03800

값 10,000원